LE RÉVEIL

D'UN

GRAND PEUPLE

PAR

EDGAR QUINET

15 c., par poste 20

AL

PARIS

ARMAND LE CHEVALIER, ÉDITEUR

RUE DE RICHELIEU, 61

1869

Paris. — Imprimerie Em. VOITELAIN, rue J.-J. Rousseau, 61.

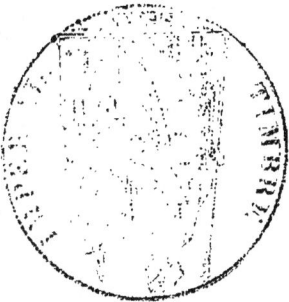

LE
RÉVEIL D'UN GRAND PEUPLE

LE 24 MAI

Que signifie le coup de tonnerre de Paris ? Que veut dire la voix confuse des provinces ? C'est un acte de salut.

Et comment pourrais-je penser autrement ? Les idées, les sentiments, les convictions dans lesquelles j'ai vécu depuis dix-sept ans, les appels que j'ai jetés dans la solitude, la revendication que je poursuis, les protestations que j'entretiens, tout cela a pris corps, s'est réalisé en un jour dans le vote de Paris.

Je demandais en toute occasion ce qu'était devenue la conscience humaine : les philosophes, les moralistes, ne pouvaient me faire aucune réponse. Par un acte spontané, dont personne n'a-

vait mesuré la grandeur, Paris a répondu : Je
vis encore ! Je suis la conscience de la France, la
voix de la civilisation. Croyez, espérez, vous qui
aviez renoncé à l'espérance.

Date ineffaçable ; le 24 mai a démontré que
l'on a bien pu démolir pierre à pierre le Paris
que nous avons connu; on en a rebâti un autre
pour les yeux; on n'a pu démolir le Paris de la
pensée, de l'intelligence, de la vie morale et politique. Celui-là vient de se relever debout du milieu de ses ruines apparentes. Il est tel que nous
l'imaginions. Encore une fois, la vie d'un grand
peuple s'est concentrée en lui. Je répéterai le
mot que j'ai entendu de l'armée, il y a vingt et un
an, en des circonstances qui avaient aussi leur
grandeur : « Vive la ville de Paris ! »

Mais, dites-vous, les partis moyens s'effacent,
et c'est là un grand malheur.

Observez les choses de plus près, vous verrez
que le péril était précisément dans le règne ex-
clusif des partis moyens qui tendent à disparaître,
races hybrides, incapables de durer.

Quel est le danger véritable pour une nation ?
Vivre de chimères, s'user dans un problème in-
soluble, se consumer dans la poursuite d'une

pierre philosophale.   Or, tous ces périls étaient
dans les partis moyens.

Ils voulaient, disaient-ils, comme but le Parle-
mentarisme ; mais ils s'en remettaient à un ré-
gime décidé à n'en pas vouloir. Ce qu'ils faisaient
d'un côté, ils le détruisaient de l'autre.

Un homme aurait beau dire : « Voyez, je suis
doux, modeste, sage par excellence ; confiez-moi
donc le soin de cultiver une épine pour la trans-
former en chêne, ou un mancenillier pour avoir
un oranger. Donnez-moi pour cela toutes vos
forces vives, toutes vos richesses physiques et
morales. Je vous ruinerai certainement corps et
biens, mais avec modération ; et c'est là ce que
vous souhaitez. »

Croyez-vous qu'il serait à propos de s'en remet-
tre de tout à ce sage ?

Non. Paris s'est lassé du travail de Pénélope. Il
s'est lassé de cette œuvre impossible, de cette
toile illusoire qui se tramait et se défaisait dans
le même moment. Paris a compris que c'était là
un filet dans lequel il s'enveloppait lui-même et
avec lui la France.

Par un grand coup de civilisation, il est sorti
de cette fausse trame où les générations pouvaient

s'engloutir les unes après les autres, sans aucun progrès réel ; au lieu de la vie ténébreuse où se perdaient et s'étiolaient les forces du pays, Paris a tout replacé en pleine lumière, sans masques, sans voiles, sans subterfuges ; par là encore une fois, Paris a retrouvé le génie de la nation, Paris a sauvé la France.

Comme la confusion était profonde, il fallait que la réponse de Paris fut d'une clarté qui parlât même aux aveugles. Il fallait que le sens de cette réponse fut accentué en traits fulgurants ; de là des noms auxquels on ne s'attendait pas, et qui ont tout à coup jailli de l'exil.

Et au contraire les noms accoutumés, relégués un moment dans l'ombre.

Il fallait parler de loin aux foules compactes de la nation française. Les signes devaient donc s'expliquer d'eux-mêmes ; ils devaient être parlants, criants, énormes pour être compris d'un bout à l'autre du territoire.

Ainsi, par un merveilleux instinct politique, a pu être rallumé ce phare qui ne s'éteindra plus et que l'on appelle les élections de Paris.

Disons un mot de celles des provinces. En

voyant se dérouler ces énormes colonnes où l'o-
béissance passive semblait s'inscrire à chaque
ligne, un premier étonnement était inévitable.
Quoi! y aurait-il donc deux France étrangères
l'une à l'autre, la première qui daterait de 89 et
l'autre du 2 Décembre?

Pendant que Paris fait un grand pas en avant,
les provinces feraient-elles un pas égal en arrière?
La tête seule vivrait-elle? Le corps disloqué,
mutilé dans l'étreinte de l'administration, reste-
rait-il immobile ou rétrograde?

On verrait donc la capitale séparée des dépar-
tements, c'est-à-dire la tête détachée du corps?
Les provinces ne seraient qu'un torse tronqué,
d'où la vie aurait été enlevée, où elle ne pourrait
renaître.

Paris ne serait qu'une tête pleine de lumière,
avide d'avenir, impatiente des anciens jougs,
mais qui privée de membres, de mains, de pieds,
pour agir et se mouvoir s'agiterait dans l'impuis-
sance et dans le vide?

Rassurez-vous. En examinant de plus près ce
qui venait de se passer, l'on vit que les grandes
villes Lyon, Marseille, Nantes, Bordeaux, etc.,
avaient fait écho à Paris. Elles apparaissaient

comme des terres nouvelles qui émergeaient ; là
où de si grands points d'appui ne se trouvaient pas,
que d'efforts véritablement admirables pour renaître, dans les parties de la France qui pouvaient
sembler le plus livrées à la mort politique ! Suivez
seulement ce qui s'est fait dans le département de
Vaucluse et dans la petite ville de Carpentras qui
avait passé si longtemps pour la Béotie de Pro-
vence !

Vous verrez qu'il suffit de l'initiative de quel-
ques hommes pour tirer des merveilles de cette
terre de France à quelque point qu'on la touche !

Poussez votre examen plus loin ; descendez
dans ces régions encore sourdes, où la lutte est à
peine engagée. Vous arriverez à ce résultat, que
là aussi comme partout ailleurs, une vie latente,
présage des grandes choses, se produit et s'accroît
de jour en jour ; qu'un travail inconscient, qui est
celui de la race française, s'accomplit dans l'ombre ; que ceux qui n'agissent pas encore com-
mencent déjà à penser ; que ceux qui agissent
prévoient le lendemain, et que tous se souvien-
nent.

Oui, se souvenir, c'est là un bon présage ; et à
ce titre le peuple de Lyon, comme celui de Paris, a fait une chose morale, indépendante des

questions de parti, en allant chercher le plus ancien, le plus vieux de ses serviteurs que l'on
pouvait croire le plus oublié, le plus enseveli
sous les exils, les prisons et les années. Il n'est
donc pas vrai que le peuple n'estime que la force
brutale, puisqu'il va chercher un homme à qui le
temps n'a laissé que la force de l'âme !

Pendant dix-sept ans, quelle était la vraie question ? Le Césarisme. Y aura-t-il oui ou non une
Démocratie Césarienne ?

Cette question ne peut plus être posée ; le 24
mai l'a tranchée pour toujours. Il a effacé le
sceau du Césarisme ancien pour mettre à sa place
le sceau de la Révolution française.

Le caractère de l'ancien Césarisme a été de
noyer l'intelligence des villes sous le flot de
l'ignorance rurale, Rome sous les provinces. Ce
fut la fin de la civilisation antique.

Allons-nous dans cette voie ? La même stupeur,
le même vote muet se sont-ils étendus d'un bout
à l'autre du territoire, au moindre signe d'un
maître ? Les villes ont-elles rivalisé d'obéissance,
de silence avec les campagnes et les campagnes
avec les déserts ? Trois millions six cent mille

voix déposent qu'il a été impossible de faire rentrer les provinces françaises dans le moule des provinces romaines écrasées par la conquête. Pas une ville qui n'ait prononcée à son tour son *sinon, non.*

Ainsi première conclusion de l'expérience : les provinces, même les plus patientes, s'éloignent à grands pas du Césarisme, bien loin de s'y résigner.

Secondement, l'événement montre que la loi de la Révolution française n'a pas changé et que Paris aujourd'hui comme alors, entraîne après lui les destinées de la France. Les mornes années que nous venons de traverser ont eu pour effet de maintenir cette loi sans aucune altération. En 1788, on disait dans les provinces : « Il faudra voir ce que fera Paris. » Ces mêmes mots se répètent aujourd'hui.

Il est clair en effet, que puisque la France veut revivre, le contraste dont on a d'abord été frappé entre le vote de Paris et le vote des provinces doit s'éteindre; et comment cela se fera-t-il? Il ne reste qu'une seule solution pour rendre à la France son homogénéité et sa vigueur native.

C'est que les provinces s'orientent sur ce phare, que Paris vient d'allumer.

Ainsi se sont dénouées jusqu'à ce jour toutes les difficultés qui se sont amassées sur notre chemin. La nation française chancelait tant que le chemin n'était pas indiqué. Paris a frayé la route nouvelle : plus d'incertitude, plus d'aveuglement. La lumière s'est faite. Il s'agit de sortir du Césarisme pour entrer dans la vie et dans la liberté vraie. Quoi de plus clair? Les yeux se sont ouverts. Il n'y a plus qu'à marcher.

LE 7 JUIN

Après le vote du 24 mai, Paris s'est-il repenti le 7 juin ? a-t-il voulu conclure par un vote de réaction ?

N'en croyez rien. Paris en tenant en suspens, dans sa balance, les membres principaux de l'ancienne opposition leur a donné un avertissement nécessaire. Il leur a dit : « Le temps a marché, osez marcher avec lui. »

Après cette leçon, Paris n'a pas voulu pousser plus loin ses sévérités ; il a nommé ceux qu'il avait avertis.

Ceux-ci comprendront ils ce langage ? Profiteront-ils de l'enseignement reçu pour faire un pas en avant ? ou bien, comme tous les pouvoirs, s'indigneront-ils de la vérité, et repousseront-ils la lumière ?

Une chose est certaine. Un nouveau terrain

s'est formé, étranger ou hostile à l'ancienne opposition. Il dépend d'elle de s'appuyer de ces
forces nouvelles ou de les combattre.

Dans le premier cas, l'opposition se rajeunira,
elle se retrempera en touchant le sol. Dans le se-
cond cas, elle restera sans écho, étrangère, au
milieu d'une France nouvelle qui grandit à vue
d'œil.

Si les vieux restent vieux, que les jeunes osent
être jeunes. Les endormeurs plaideront pour le
sommeil. Rien de mieux. Mais pour nous, qui
avons fait notre choix entre la torpeur et le réveil,
nous saluons cette France nouvelle qui vient de
se révéler à l'insu de la presse, de la tribune, de
tous les pouvoirs organisés, objet d'étonnement,
œuvre spontanée où reparaît l'instinct de la race
française. La vie au milieu de la mort, l'espérance au milieu du marasme : quoi de plus scan-
daleux ! Oui sans doute, mais ce scandale, c'est
l'avenir.

Après tout, le 24 mai éclaire le 7 juin. Un changement s'est fait dans le tempérament de l'opposition Dès le premier jour, l'avertissement a été
donné avec trop de force pour ne pas être entendu de tous. On avoue déjà que les complai-

sances oratoires tenaient trop de place dans l'élo-
quence de l'ancienne opposition.

Retrouver la parole, après la nuit de décembre,
sembla longtemps un bien inespéré qui dispen-
sait d'agir. Faire passer une vérité timide à tra-
vers le réseau et les mailles de mille concessions
de langage, c'était un miracle de l'art ; souvent il
fallait se demander si l'on gagnait ou perdait dans
ce jeu oratoire.

Que de fois, je me suis senti, pour ma part,
transpercé par ces mots détournés trop habiles,
qui frappaient l'ami, sans ricocher sur l'ennemi.
C'était, a-t-on répété, une nécessité pour être entendu.

On eût dit que l'orateur ne sentait point de
peuple derrière lui. Il se croyait seul dans la
lutte. Il se trouvait comme entre deux périls,
n'être pas suivi par les siens, s'il s'avançait trop,
n'être pas écouté des adversaires, s'il parlait de
trop haut. Situation fatale pour une opposition :
douter de sa force dans le pays ; ne plus croire à
cet *écho* dont parlait le général Foy ; ne compter
que sur les habiletés du discours, sur les surprises
de l'art et non plus sur le retentissement des vé-

rités hardies et nécessaires dans les oreilles et la
bouche d'un grand peuple.

Voilà quelle était la situation de l'orateur politique en France depuis dix-sept ans. Il ne pouvait faire un pas sans sonder le terrain, craignant
à la fois ses amis et ses ennemis.

Que de bienséances à observer, que de capitu-
lations à souscrire, avant de faire une incursion
dans le camp opposé! Il fallait se couvrir, de loin,
comme dans un siége. Tant d'art accumulé fai-
sait souvent oublier le but; on se consolait de
perdre le fond, si l'on sauvait la forme.

Tout cela, ai-je dit, a été changé en un jour,
le 24 mai.

L'orateur français ne peut plus ignorer qu'il a
derrière lui des masses profondes qui lui permet-
tent d'oser; il ne peut plus se demander s'il est
suivi, s'il est cinq ou quinze, ou vingt. Il sait
qu'une tête de nation le pousse en avant et l'ac-
clame s'il la précède. Il a retrouvé l'écho qui a
fait les grands jours féconds. Qu'il parle donc,
qu'il ose; qu'il ne craigne plus de ne pas être
entendu.

Ce changement dans la parole en produira

d'analogues dans la vie publique. La sincérité dans le langage ramènera la sincérité dans les mœurs.

L'art de l'orateur ne sera plus seulement de s'insinuer dans une assemblée, mais d'électriser un peuple.

Dégagé du bagage des précautions oratoires, il pourra combattre plus ouvertement. Le discours quel qu'il soit, s'éloignera de l'artifice, il se rapprochera de l'action.

Plus de paroles stériles. Des caractères, des actes.

Veytaux, 10 juin 1869.

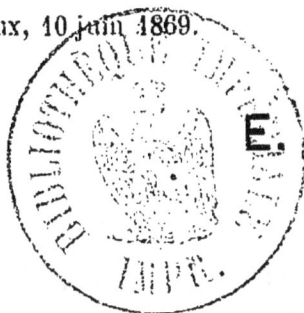

E. QUINET

O

www.ingramcontent.com/pod-product-compliance
Lightning Source LLC
Chambersburg PA
CBHW060726280326
41933CB00013B/2570